*Chamán ante el fuego*

**Poesía**

# El pasado
## *(Una manera de medir el tiempo II)*

Valentín Carcelén

ALBACETE 2024

Título: *El pasado (Una manera de medir el tiempo II)*
1ª edición, abril de 2024

Dirección: Anaís Toboso & Pedro Gascón
www.chamanediciones.es

Diseño: Chamán Ediciones
Maquetación: Marino Rubio Izquierdo
Corrección ortotipográfica: Claudia Praga y Pedro Gascón
Impresión y encuadernación:
Estilo Estugraf Impresores S. L.
www.estugraf.es

ISBN: 978-84-126989-3-0
D.L.: AB 215-2024
BIC: DCF


Impreso en España

# Índice

# El pasado
## (Una manera de medir el tiempo II)

A mis padres:
Pilar Ballesteros Fuentes y
Valentín Carcelén Denia.

*IN MEMORIAM*

*¿Qué había sido mi vida entera y para qué había pasado sobre mí tanta alegría y tanto dolor? ¿Por qué había sentido aquella sed de verdad y belleza y seguía estando aún sediento? [...] Permanecí mucho rato tendido con fatiga [...] y reflexionando sobre mi vida. ¿Qué me hacía falta, qué me era necesario, para ser más feliz y estar más cerca del propio corazón de la existencia?*

Hermann Hesse, *Peter Camenzind*

# Actos de fe

*Ahora se trata de sentir*
*que el pasado no es mentira.*

Luis García Montero, *A puerta cerrada*

# La pintura

EL sol ha cuarteado esta pintura.
Yo la hice en las cenizas
de mis años de juventud,
creyéndome pintor y joven para siempre.
La hice yo, pero pudo haberla hecho cualquiera.
Tracé primero a lápiz un escaso bosquejo
que fui perfilando después
en un dibujo perceptible.
Y aparecieron formas precisas y volúmenes
de entre las líneas grises y precarias.
Apliqué luego densas pinceladas
de luz y de materia
sobre la acartonada superficie
y otras pinceladas más finas
terminaron de concretar
una idea, un paisaje
apenas recordado, inventado quizá.
Durante las últimas décadas,
atravesando la ventana, el sol
y el tiempo han cuarteado el cuadro.
Ahora estoy parado frente a él, contemplándolo,
observando de cerca
los grumos de pigmento oscuros,
resecos, ya sin brillo; las fisuras
que los cruzan y abren,
y atraviesan aquel paisaje
de entonces, y rasgan la niebla
que difumina al fondo el horizonte azul.
Las toco y voy siguiéndolas
con el dedo, como borrándolas

o como si quisiera rellenarlas.
Y durante un momento,
el tiempo se ha parado aquí también conmigo,
como una sombra más
en el silencio de la habitación.

# Solar

Quizá este tiempo no es el nuestro.
En este terreno que está
en obras, junto a otras estructuras
y casas recién terminadas,
jugábamos de niños.

Entonces no había calles, y las últimas
quedaban lejos: esto era
sólo un trozo de tierra de cultivo,
un bancal fértil en mitad del campo,
perdido más allá de las afueras.

En él, algún árbol menudo, acaso
un almendro, un olivo, un olmo
en el que no faltaban nidos,
se defendía en la alternancia
de la cebada y el barbecho.

Como de un día para otro,
esta parte del pueblo fue llenándose
con más calles y construcciones,
y nos dábamos cuenta, poco a poco,
de que este tiempo no es el nuestro.

Al fin, a duras penas aceptamos
que es este el mismo trozo aquel de tierra,
y nos vamos, hablando solos,
en voz muy baja, con la misma inercia
que hasta aquí tantas veces nos empuja.

# Una decisión

DECIDIMOS cortar el árbol
que reinaba en el centro
del patio: un almendro imponente
que invadía el espacio de otras plantas.

Infestado de hormigas y pulgones,
y avispas en verano,
nos estorbaba más que embellecía
entre el resto de la vegetación.

Tuvimos que cortarlo una mañana
de principios del último mes de julio, y a veces
nos arrepentimos un poco,
aunque nos consuela pensar
que no había otras alternativas.

De aquella mañana, aún queda
una pila de leña arrinconada
junto a la pared y un tocón
retoñado en medio del patio.

Ahora nada ocupa el lugar de ese almendro.
Sus ramas y sus hojas
son un frágil recuerdo en el aire; el oscuro
tronco y la amplia copa, tan sólo el rastro
de una falsa visión entre la niebla.

Ahora hay claridad, y alrededor
crecen rosales, un granado, un níspero
y otras plantas pequeñas y amarillas
que a lo largo de estos años hemos cuidado.

Entre las piedras agujereadas
y verdes del alcorque vacío, hay malas hierbas
e insectos negros y brillantes.

# La belleza

No has sabido cantar tanta belleza
como la juventud
y el mundo dispusieron para ti,
y te das cuenta ahora.
Y te preguntas si no es tarde ya,
si aún estás a tiempo,
si acaso hoy la reconocerías,
si te detendrías al verla
y le dedicarías las horas
que hasta ayer le has escatimado.

No has sabido cantar tanta belleza,
y un sentimiento cuyo nombre ignoras
te malogra las noches,
arrasa los lugares que entonces frecuentabas,
desfigura los cuerpos que amaste por costumbre.

No, no has sabido cantar nunca
la belleza que tantas veces
se te ha ofrecido,
                    y cuánto
darías por arder de nuevo
y consumirte y, trágico,
decírselo ahora a tus hijas,
y sentir que también tú puedes ser belleza,
doliéndote por dentro,
como herida inefable
que no va a cicatrizar nunca.

# Los abuelos

Los abuelos, que entonces dominaban la vida,
están hoy sometidos al deseo
de los demás; postrados, impedidos, rendidos,
siempre insomnes y siempre soñolientos,
dependen hoy de que sus familiares,
demasiado ocupados y de continuo ausentes,
se paren a mirarlos a los ojos y escuchen
durante al menos diez minutos
lo que pueda decir su voz entrecortada.

Hasta hace poco, dueños
sin réplica de los designios
de la casa y sus habitantes;
ahora, solos, tan debilitados
por la edad, la tristeza y las enfermedades,
sólo entre ellos se miran y se hablan,
y ni siquiera para discutir
tienen aliento.　　　Apenas recuerdan que la casa,
entonces, ya a la aurora, era un trajín de brazos
jóvenes a sus órdenes.

De vez en cuando, alguno de los nietos
cruza la oscuridad del pasillo y pregunta
si están bien, si han cenado ya, y les dice
que ha terminado bien en el colegio,
que en septiembre irá al instituto
y que le gustaría estudiar para médico,
mientras toma diez euros que le dan.

# El acuario

Murió el último pez en el acuario.
Sacarlo con la mano me produjo
una desconocida sensación
de indiferencia y viscosidad
que se renueva cuando llueve.

A mí ese pez me daba igual:
no lo quería, no lo alimentaba,
no le cambiaba el agua.
                    Estaba escrito
que su pérdida pasaría
inadvertida para mí.

Conservamos aún aquel acuario
con las mismas piedras, el mismo
fondo marino artificial, inerte
y luminoso,
en el mismo lugar
del salón.
            Algún día de este otoño
le hemos puesto agua nueva.

# Azulejos

Esto queda del tiempo amargo
—también hubo una dosis de ilusión—
en que hicieron la casa que habitamos:
los mismos días grises de noviembre
de cuando troceaban el solar;
las lluvias que formaban barro negro
en el fondo de los cimientos;
días de desazón en que la duda
y el desánimo obraban más aprisa
y mejor que los albañiles;
una larga hipoteca a interés variable
a la que esperamos sobrevivir;
y, en el patio interior,
un zócalo de glaucos azulejos
en que a veces el sol de marzo
se quiebra en mil destellos
como rompe en la escarcha
para anunciar el fin
de la noche y el frío.

# Los muertos

Dad a los muertos
feliz enterramiento.
Lloradlos, recordadlos,
pero salid pronto otra vez
a contemplar el mundo.

Enterradlos un día de octubre o de noviembre
en que se anuncie el invierno
y acaso llueva por la tarde.
Cubrid sus lápidas de flores
y hablad con ellos
las noches que os despierte su silencio.
Pero levantaos pronto
y calladamente id al campo,
despacio, a ver la vida que palpita
entre las piedras y las hierbas.

Visitadlos cuando queráis,
inventad para ellos oraciones
que os alivien, temblad de frío
pensando en ellos, pero luego,
quizá al atardecer, pisad la tierra,
llamad a los amigos y bebed
juntos, como si el aire
y el día de mañana
fueran sólo para vosotros.

# Los perros solos

Los perros solos,
abandonados, agrupados
en mansas jaurías, a las afueras
de cualquier ciudad, cualquier pueblo
que no hemos visitado nunca,
quizá responderían
a nuestra mínima llamada
y lamerían nuestra mano
si venciéramos el primer temor
a aproximarnos a su territorio.

Los hemos visto tantas veces
desde la carretera, de camino
a un quehacer olvidado; van
corriendo sin saber adónde,
y de pronto se paran:
olisquean, hozan, orinan
entre la maleza y las piedras
y, en círculos, reanudan su camino.

Cuando los dejamos atrás,
corren aún en el retrovisor
y una vez más se paran
ante un montón de escombros.

Pocos minutos o kilómetros
después, nos preguntamos otra vez
por qué no paramos entonces
a verlos más de cerca,
a comprobar si alguno vendría con nosotros
si, chascando los dedos,
silbando, los llamáramos.

# Actos de fe

*Nuestro hermoso deber es imaginar que hay un laberinto y
un hilo. Nunca daremos con el hilo; acaso lo encontramos y
lo perdemos en un acto de fe, en una cadencia, en el sueño,
en las palabras que se llaman filosofía o en la mera y sencilla
felicidad.*

Jorge Luis Borges, *Los conjurados*

## I

No estás obligado a creer,
y es verdad que te quedan ya
muy pocas esperanzas
de habitar un mundo mejor.
Pero, aun así, algo puja, hiere dentro,
como en una materia latente y conocida.

No crees, y cuántas noches, quizá en sueños,
te oyes recriminándote
que no siempre has hecho
todo lo que estaba en tu mano
para cambiar las cosas,
y por las mañanas te asalta
la duda de si tú eres el de siempre,
y te dices que quieres
ser otro, otro que sí crea.

Dudas quién eres, y hoy te reconoces
solamente en la idea
de ser fugaz tensión
entre una memoria que apenas
te sostiene, y el atrevido afán

de procurar más, trascender acaso,
reexistir, recrearte
en el silente tráfico de luz
en que se ordena la mañana.
Y te quema el deseo de creer.

## II

TE preguntas si no has vivido ya
cuanto te fue dado vivir,
y aprietas en las manos
un dolor muerto que va destilándose
muy lenta, pero inconteniblemente
de entre tus dedos.
                    Y te dices
entonces que tus manos son jóvenes aún,
limpias en la esperanza.
                          Y te preguntas
luego cuánto tiempo te queda,
qué más te queda por hacer,
y quisieras elaborar
una infalible teoría
del desconocimiento
que te libere para siempre
de cualquier convicción.

Sabes que no vas a volver
a vivir lo que ya has vivido,
que no vas a volver a los lugares
en los que ayer fuiste feliz,
aunque el dolor de esa verdad
te torture quemándote
los ojos cada día;
y, en ese trance, sabes que has perdido la piel
en todos los combates
que contra ti mismo has librado,
                              y sabes
que desde entonces has tenido
que fingir demasiado,

y has tenido que ser muchos otros,

                        y tantos

que no te reconoces ya en ninguno.

Sabes que no vas a volver
a aprender más cosas inútiles,
ni al lujo de poderlas ignorar
poco después, y no
quieres resignarte a vivir
en la triste sospecha
de que ya lo has vivido todo.

# Instinto

MARCA su ámbito la culebra
con los jirones viscosos de su camisa.

Ella, inmóvil; yo, sin verla.
Me acerqué sin querer
y nos asustamos mutuamente.
Huimos ambos despavoridos:
yo, a campo abierto;
ella, a su invisible terrario
bajo los zarzales.

Qué mala educación universal,
qué oscura tradición tan arraigada,
qué primitivo instinto
común a todas las especies
nos lleva a desconfiar
los unos de los otros aún sin conocernos.

# Delicuescencia

Me entregaría al agua.
Ella expresa en lágrimas la paz,
la silenciosa idea
de estar temblando frente a las murallas
del tiempo. Y yo me entregaría a ella.

Al agua entregaría el reino
de marzo, su verdor mortal,
como carne de espíritu
que nunca, mientras dura,
termina de nacer.

Al agua entregaría lo que vuela
y es aire más que el aire, y pájaro,
y, más que pájaro, pluma de pájaro,
y más nada es que la propia nada.

Al agua entrego lo que es mío
y tuyo, y no será nunca de nadie:
la paciencia del olmo, el humo del invierno,
jirones de niebla en la madrugada,
mientras la vida sigue en un continuo
y febril despertar del mismo sueño.

# Conciencia

*Ni posesión ni ocio*
*hacen que la vida sea digna*
*de ser vivida.*
*No son conceptos de prestigio,*
*en su más honda y fría concepción medieval,*
*los inseguros planteamientos que, ahora, podrían*
*incidir*
*en la composición de este poema.*
*[...]*
*Destruir y crear. He aquí dos palabras, dos bellos*
*gestos que*
*nos producen placer. ¿No surge el arte*
*de las más dolorosas y turbias experiencias*
*de la razón?*

Diego Jesús Jiménez, *Bajorrelieve*

# Conciencia

LA réplica de un terremoto
agita mi conciencia como el lema,
escrito en rojo en todas las paredes,
para una revolución
perfecta contra todo o contra nada.

Yo estaba en casa, casi ya dormido,
leyendo las memorias
de un amigo recientemente muerto
y, durante un segundo, mis manos con el libro
y mi mente temblaron al unísono.

Era la cuarta réplica
y era como si el mundo renaciera,
sin más supervivientes
que las montañas, los escombros
y las ideas que quedaron
pendientes de estudio antes del seísmo.
¿Qué hace viables,
útiles las ideas? ¿Qué las materializa
en sangre derramada,
en hierro fundido, en infinitos límites,
en órdenes establecidos?

Todavía no sé de qué murió mi amigo.
Quizá con él murieron sus ideas,
o estén aún quizá conmigo, aquí,
tambaleándose todavía
tras el último temblor.

# El mundo

El mundo.
  ¡Yo qué sé!
    Gente que viene y va,
 y vive y muere, y vienen otros
a ocupar otras casas, otras calles,
y el mismo mundo, el mundo.
      ¡Qué sabemos!
Las fechas y los hombres, las arrugas,
las nubes, las insomnes madrugadas, los pasos
en los charcos recién caídos.
El cielo que no espera.
    ¡Yo qué sé!
Alguien prepara la comida
para no sabe exactamente quién;
alguien se peina y posa
en la fotografía del olvido;
alguien piensa en mañana
como se encierra un caracol
en su invierno de escarcha y de desidia.
Nadie duerme dos veces el mismo sueño;
      nadie
es dueño de sus pesadillas;
nadie puede exhumar sus lágrimas de niño.
No sé.
  Creo que el mundo
es siempre el mismo, y cabe en un poema.

# Inercia

Aquí vivimos.
Envejecemos con el mismo sol.
El mundo rota y resucita
cadáveres de sombra en las calles,
y nosotros,
por vivir en alguna parte,
vivimos aquí.

Vamos y regresamos a la vez
del mismo tiempo al mismo
lugar al que pertenecemos,
sin trayectoria, sin saber
dónde estamos, ni adónde hemos llegado,
qué extravío en mitad de la mañana
nos ha devuelto al punto de partida.

Esa fuerza, esa luz,
es tal vez nuestra sepultura,
la madre de los días idos,
la llave de las despedidas
cuando todo termine y nadie sepa
qué hacer con la mañana.

# Improvisación

Todo está incompleto.
Para estrenar el año
cojo el móvil y marco números
al azar.
         Felicito anónimamente
a quienes, sin saber, contestan,
y, aun así, todo está incompleto.
A veces algo me deprime
y, trágicamente, descanso,
y, al levantarme, todo sigue igual.
La paz existe mientras me duermo,
y, al levantarme, todo sigue igual.
Yo parto del enfado
conmigo mismo y contra nadie
y contra todo, y no sucede nada
salvo enero y sus días
iguales a todos los días.
En la autovía hay
una salida para mí,
pero todo está quieto,
y oscuro, y escondido.

# Tristeza normal

*Nos están robando la tristeza normal,*
*que es parte de la vida.*

Luis Rojas Marcos

No sé si soy feliz.
A veces tiemblo
y escucho risas a mi alrededor,
o quejas, o hablo solo recordando
lo que me pasó ayer;
otras veces, alguien me mira
mientras camino decididamente
adonde sea, y cree saber quién soy,
o vuelve la mirada sin saberlo.
Y entonces creo que no soy feliz

Me levanto temprano
para nada, me aburren
las grandes superficies comerciales,
la televisión e internet;
tomo decisiones equivocadas,
y hay telarañas de arrepentimiento
y pesadumbre escritas en la costra
de mi memoria, y eso,
seguramente, no es ser feliz.

# Poema de una tarde de domingo

Qué civilización hemos creado.
Suda la sien, suceden accidentes
mientras lo consideramos,
y a veces nos dormimos olvidando
que hay un día después de cada día.

Yo no sé qué hemos hecho
para llegar a esta estabilidad
fingida, ese amor por la arena
que se pisa y se ignora.
La estabilidad es
la enfermedad de los demás,
o su desgracia,
y otra vez su olvido.

No hemos creado nada
más allá de la luz
que se enciende y se apaga, nada más
allá de la velocidad
punta, a la hora punta,
para ir, regresar y quedarnos
siempre en el mismo sitio.

# Texto

Luna es literatura.
Quizá alguien escribiera estas palabras
mucho antes de que las soñara yo.

# Lenguaje

ORDENAR en silencio el pensamiento de lo que escucho. Oír en el vacío lo que veo. Aceptar un desafío entre arduos códigos y lo que siento.

Crearle a una voz su fundamento de signos. Conducir un desvarío de sonidos y formas hacia un río de ideas que en la mente fluya lento.

A cada imagen dar significado con un trazo distinto y pertinente que le imprima emoción, le dé sentido.

Comunicarme con mi yo pasado, y hacer legible, inteligiblemente, lo que sucede, o aún no ha sucedido.

# Hoy

No sobrevivirás al día de hoy. La piedra duerme sobre la piedra, como siempre ha dormido con el frío. Con su sola presencia, alguien te recuerda que posees las sombras de tus antepasados. Has caminado todo el día contra el tiempo, como un taxista venerable y ebrio.

En sus últimos días, la genta habla y habla: ellos saben que morirán sin pensar detenidamente en ello. En sus últimos días, la gente piensa en las distancias, en las metáforas, la paz de las metáforas.

# Fiebre

EL crepúsculo, esa arquitectura hecha de fiebre y humo, cambia de piel. Sus inflamados órganos dan al alma de la tarde otra carne, otra desconocida dimensión en el tiempo. Al fin, todo se mueve, todo se pierde entre caídas y delirios: árboles perdonados en el incendio en que hemos vivido nuestros mejores años, fértiles tierras de labranza que hemos heredado de quién.

# Los huecos del tiempo

*Para Patricia y Pilar, mis hijas.*

Retomando el dolor, las lagartijas que no suponen lo que son y tienen largos nombres científicos, y vienen y, al mirarlas, se van por las rendijas y se nos quedan las miradas fijas en los huecos del tiempo hasta que suenen las letras de las nanas, y los llenen, y vuelvan a ser niñas nuestras hijas; y, asumiendo que todo duele ahora, y que todo es memoria o es olvido en un parque infantil que ya no existe, sólo existir nos queda, en la sonora habitación donde lo que hemos sido permanece feliz, y a veces triste.

# Madrugada

EL perro me infecta sus lágrimas
como garrapatas profundas
que se alimentan de la sangre
del alma.
            He maltratado al perro
sin saber por qué, y él me mira
preguntándomelo.
                        La calle
es un tumor de oscuridad;
las afueras inundan de ladridos
en celo y pesadillas
todas las casas.
                        Yo he pegado al perro
que más cerca tenía
porque también ladraba –ahora
lo sé.
            Yo ya no duermo más.
Él, dentro de la casa, seguirá
llamando al celo de la noche,
con los otros perros de la calle,
rotos y oscuros, persiguiéndose
hasta la sangre, los colmillos
que siempre quieren más.

# Normal

Entras de nuevo al bar de siempre
y pides lo de siempre.
Te sientas, miras a tu alrededor
e intentas convencerte
de que todo es normal:
el inmóvil avance de las horas,
los espirituales movimientos
de la luz, inventando sombras sólidas
y creándole al tiempo
un cuerpo de ceniza;
el cansancio, que el sueño no repara
y cada día duele un poco más;
la dureza del aire, que respira
por nosotros y habla.

Sentado en la mesa de siempre,
hojeas el periódico
que lees todos los días, convencido
de que el mundo es normal,
de que es normal tu vida,
y cierras los ojos, y apuras
con gusto el café mientras te levantas
y sales a la calle
tranquilo, como un dios destituido
del que nadie espera ya nada,
del que nadie depende ya.

# La memoria herida

*Vivamos lo que la vida miente.*
*¿Necesito llamar al fantasma de ayer?*
*El teléfono suena, y nadie me contesta.*
*No hay pasado en la vida.*

Francisco Brines, *Insistencias en Luzbel*

# Poema

No sé cómo enfocar este poema.

Tan azaroso como es
desentrañar un rostro
o interpretar miradas en la lluvia,
así este verso se disuelve
en numerosas posibilidades.

El aguacero sobrevive
sólo porque yo insisto en observarlo.
Tras el cristal de agua,
no hay más verdad que mi deseo.

Crezco con mi ciudad,
con la razón de sus heridas;
su expansión hacia las afueras
supone la metáfora
de mi diálogo breve con el tiempo.

De mí dependen todas las palabras.

# La morera

AL sol del patio de la escuela,
como un sueño o visión febril,
amarillea la morera
con el oro más verdadero
del otoño.
                    A sus pies,
la alfombra esponjosa y dorada
de hojas recién caídas
se abre a mis ojos aturdidos,
y a duras penas puedo reprimir
un deseo ancestral
de volver a ser pequeño
y de lanzarme y revolcarme
en el lecho de hojas crujientes,
sin tiempo y sin obligaciones,
desnudo y sin necesidades.

# Lluvia de hoy

¿QUÉ valor damos hoy
a la lluvia que ayer deseábamos tanto?
Si mañana siguiera
cayendo, la repudiaríamos
secándonos la ropa
entre maldiciones.
Nos hace
perder todo el tiempo del mundo,
nos hace náufragos
en nuestra propia casa,
nos pone en evidencia
cuando ya no aguantamos más
y salimos a ver si escampa.
Hoy
vemos con complacencia cómo cae,
perdonándonos
el desprecio que nos provoca
y haciendo gestos de limpiarnos ya,
incómodos, el barro de mañana.

# Hierba seca

HIERBA seca en agosto.
En ella se alargan las sombras
de la tarde formando ideogramas legibles.
Nadie sabe su nombre, qué semilla
la alumbró en abril, qué flores violetas
ha criado para nadie.
Amarilla, pajiza ya entre grises
y ocres ajados por el sol,
sólo espera la ráfaga
breve y crepuscular
que la tronche y la vuele
y la confunda en el rastrojo
hasta que el fuego controlado
de una mano, también anónima,
la deshaga para la tierra.

Y no nos importa saber que el año
que viene estará aquí otra vez,
junto a la misma piedra,
en el mismo ribazo
que cada mes
cambia de forma y de color.

## Las tormentas

Hay
una tormenta escrita en la memoria
de los más viejos.
                    Y es siempre la misma.
Recuerdan —dicen— tardes de verano
en que una granizada repentina
arrasaba los cultivos;
cuentan que el agua blanca, granulada,
inundaba las calles
y bajaba hacia levante
arrastrando material de desecho
y vegetación seca.
                    Explican cómo,
resignados, veían la corriente
atravesando el pueblo
y cubriendo de lodo los bordillos
de las aceras cuatro o cinco horas después.
Dicen que los días siguientes,
en las casas, las calles, los bares y las tiendas,
sólo se hablaba de la cantidad
de agua caída y los perjuicios
provocados, y que ya nunca
más, hasta el verano siguiente,
nadie volvía a hablar de las tormentas,
de los destrozos
o de las cosechas perdidas.

# Llámalo suerte

Llámalo suerte, margen izquierda, la cuneta
estaba ahí, a dos palmos del arcén,
para que detuviéramos la marcha
y pudiéramos ver mejor el animal.
Ni zorro ni jabato: un vulgar perro
atropellado, moribundo.

Llámalo suerte, sangre negra, aún se movía,
yo no quería, pero fuiste tú
quien se empeñó
en recogerlo e intentar salvarlo,
y así lo hicimos, lástima
de maletero: aún olía a nuevo.

Llámalo suerte, inexorable paso
del tiempo, aburrimiento, nos cansamos,
tenía, acaso, que pasar. Y aquí
nos quedamos los dos
solos, lamiéndonos aún
las heridas. Te fuiste sin ponerle
nombre.
            Quizá lo llame suerte.

# Tres lecciones de hospitalidad

*A Jon Arza y a Pablo Malo.*
*(11-14 de agosto de 2008)*

## I

Tú eres tu casa y tu ciudad, y eres
el camino de paz que las construye
mientras yo las miro y las nombro.

Tú eres tu voz en la escritura
del teclado que es de noche y de agua.

Tú eres tu edad perdida en las preguntas
que nadie quiere hacer o nadie ignora.

Tú eres tu propia imagen reflejada
en la profundidad de un puerto largo.

Tú eres tu pez, tu pan y tu manzana,
el vino, la cerveza y la sidra que espuman
como una llamarada
entre los diálogos del mar.

Tú eres lo que das, no lo que posees,
y lo que escuchas, y lo que percibes
cuando calla la música
y las perífrasis verbales
se abren sobre la niebla de las montañas verdes.

## II

ADORAMOS los lápices
como si no dijeran nada;
están en la memoria de nuestros descendientes,
y hay luces, números y dibujos
de árboles sin corteza
en la escultura de sus trazos.

Adoramos los amplios ventanales de arena
abiertos a la orilla norte,
esperando el acrílico
de la luna en la madrugada.
Observad la mirada en las paredes:
¡Qué corazón de nube aquí nos trajo!

Adoramos las bicicletas
estacionadas en la sombra
del tiempo.
            Hileras negras de bicicletas verdes
para perderse siempre
en la verdad de la juventud.
Todas las muchachas desconocidas
cantan el mismo son hacia la playa.

## III

Dadme un abrazo, no la mano presentida en la piel de las postales. Dadme la mano en la estrellada calma de un viaje que no acaba con la vuelta. Dadme las manos para coger con ellas aire, el aire húmedo y trémulo de esta parte del mundo en que los pájaros y los moluscos entienden a los hombres.

Amigos, hay un ángel respirando en el fondo del río. No hemos venido aquí para hablar del silencio. No hemos venido aquí por los pasajes de la tempestad. Nadie nos dijo que la marea se retira ante nuestros pasos. ¿Por qué en mi móvil apagado aparecen mensajes vuestros como torres de luz contra lo incierto?

Hermanos, hice una fotografía a vuestras almas juntas con nosotros; la llevo tatuada desde entonces en el dorso carnal de mi lenguaje. No quiero irme nunca. He visto a la belleza detenerse frente a mí y lenta, fijamente, mirarme a los ojos. No quiero despedirme nunca. En vuestra espalda da la vuelta el sol.

El tren es la película más verdadera.

# Territorios

SALGO con mi perrillo
a pasear
y marcar territorio.
Él olfatea
y orina en cada piedra,
cada hierba,
para hacer suyos
este trozo de tierra,
este instante.
Yo miro al fondo
del camino, y veo
que nada es mío, que
nada podrá ser mío,
que todo es de nadie.

# El reloj

Miro el reloj: acuario
de peces muertos donde flota el agua
dentro del agua, donde el sol
ilumina sus dos caras, la arena
se sepulta a sí misma
y un hilillo finísimo,
apenas material, se tensa
para aguantar su propio peso.

Parado en la mesilla
oculta en lo oscuro, desnuda, sola,
le da forma, la nombra con sólo estar ahí.
Cuando la miro, nunca veo
la lámpara dorada, el cajón entreabierto,
el primer tomo de la obra completa
de José Ángel Valente.

La mesa, sobre el piso de terrazo rojizo;
y, debajo, el suelo de siempre,
el que nunca hemos visto, sin mecánica,
materia sin caducidad ni límites,
sin piezas que chirríen al contacto;
lo que está ahí para que lo demás,
hosco y desentendido, simplemente, consista.

Y todo, bajo el techo humilde y blanco
o afuera, bajo la infinita bóveda
que nos condena a lo insignificante,
consiste acaso

en abandonarse a la luz del tiempo
hasta caer y desaparecer
pronto, como la helada de un invierno
adelantado, frágil.

# Las afueras

Paso tres veces por el mismo sitio:
un pequeño camino
de grava y polvo a las afueras.
Tres mañanas seguidas, y temprano,
con las primeras, míseras
luces de octubre.

La primera vez, miro la orilla a mi derecha:
una parcela honda
y ancha que rodean tres calles.
Está llena de escombros y hojarasca,
pero son, sin embargo,
sus posibilidades infinitas.
Y me voy, proyectando en mi cabeza
una casa imponente para nadie.

La segunda, contemplo el otro lado:
el campo abierto, tierras de labranza,
ribazos de un gris joven por el reciente otoño,
y un horizonte oculto por la niebla.
Desconocidos pájaros planean entre surcos
buscando su primer alimento del día.
Los sigo con la vista
en su vuelo hacia el trágico vacío
de las nubes perfectas.
Y regreso como si hubiera estado
en lugar imposible.

La tercera es ahora,
junto a la alta ventana

desde donde se vislumbra
el sendero sucio de las afueras,
desde esta mesa donde escribo,
donde todo es real porque no es nada.

# Lapidario

Yo quería en las losas de la noche
—esas horas pesadas, superpuestas
en lenta procesión de duelos y delirios—
cincelar para siempre, letra a letra,
cada momento grato que el día ya extinguido
me había regalado;
grabar, para que perduraran
tras el aire de mi memoria,
el halo de ese instante lúcido,
el eco de esa frase pronunciada
con acierto en el punto álgido
de una conversación,
el imborrable rastro
de aquel gesto de éxito.
Y así, jornada tras jornada,
dar sentido a esas lápidas
que tanto pesan en mis noches,
y quitarles el peso de la nada,
y reunirlas y alinearlas
como en un álbum de fotografías.
Pero, ya oscurecido —las piedras gravitando
sobre el espacio de la estancia—,
dispuesto a hacer recuento e inmortalizar
cuanto de memorable hubiera
dejado el día al paso de mi vida,
nada encontraba digno de recuerdo o mención,
nada que salvar de la guerra
del olvido, y cansado de aguantar
el paso de las horas, el peso de las losas,
rendido a golpes por el sueño,

caía dormido hasta que la luz
lechosa del siguiente día
me liberaba de tener
que recordar lo que jamás
me había sucedido.

# La memoria herida

Aʜᴏʀᴀ, unas tres décadas
más tarde, sabes que no aprovechaste
bien aquel tiempo.
                    No diste importancia
entonces a las cosas que valoras más hoy.
Poco escuchaste la llamada
de los que te querían bien:
viejos compañeros, amigos
con quienes todo pudo haber sido más fácil;
casi nunca atendiste los consejos
de tus mayores, a los que ignorabas
con descaro y desdén;
y rechazaste con altanería
al maestro que pretendía sólo
que repararas tus deslices.

No aprovechaste bien los años de aprender,
y perseguías la manera
de olvidar, y querías olvidar
cuanto te anclara a los remordimientos.

Hoy, sin saber por qué, regresan
a ti, recurrentes y dolorosas
como relámpagos de la memoria,
esas imágenes, aquellas voces
que están acaso recordándote
que aún estás a tiempo.

Algunas noches, te despiertan
urgiéndote a que los recuperes,

a que, aunque sea en sueños,
vuelvas a aquellos años,
a vivirlos de nuevo con la conciencia clara
y madura de ahora,
y poder olvidarlos después, ya para siempre,
para poder vivir, vivir en paz.

# Final sobrevenido

# Le estoy leyendo versos a mi padre

> [...] *La mojada*
> *tarde me trae la voz, la voz deseada*
> *de mi padre que vuelve y que no ha muerto.*
>
> Jorge Luis Borges, *El hacedor*

Le estoy leyendo versos a mi padre.
Nonagenario desde hace dos meses,
anclado desde hace tres años
a una silla de ruedas
y con progresivas lagunas
de memoria, me escucha atento y silencioso,
sin preguntar nada ni interrumpirme,
sin otra reacción que una mirada fija
y una extrañeza mal disimulada.

Le estoy leyendo algunos
de los poemas de mi vida:
sonetos de Quevedo y Garcilaso,
el olmo seco de Machado,
la elegía de Hernández, las imágenes
de Lorca, los golpes tan fuertes
de Vallejo; Neruda, Borges...

Mi padre sigue sin gesticular,
sin decir nada, y ya
dudo que me siga escuchando,
y me detengo. Le leería a Claudio
Rodríguez, Blas de Otero, Gil de Biedma,
Brines. Y no sé si seguir leyendo,
y busco una respuesta
en sus ojos, que, quietos, me la niegan.

Le querría leer todos los poemas
de mi vida, las letras
de las canciones que han iluminado
mis noches más oscuras,
los libros que, como textos sagrados,
han estado conmigo
en los momentos más difíciles,

pero lo dejo en su abstracción,
tomo su mano y largamente
comparto su silencio,
mientras afuera crecen las brumas, y se colma
de nostalgia y verdad
esta tarde perdida de diciembre.

# Celebración

*Con verdadera vocación,*
*con una extremada sutileza,*
*dejo a medio el poema*
*y me levanto de mi silla,*
*me acerco*
*y la respiro:*
            *huele a verano.*

Rubén Martín, *El minuto interior*

CELEBRARÉ a mi madre hospitalaria.
En la tristeza y en la enfermedad,
en la desdicha y en el resentimiento,
en el desvelo y en el desamparo,
en el error y en las preocupaciones.

En el vacío existencial
y en las cíclicas crisis venideras,
invocaré su mano vacilante,
su parsimonia terapéutica,
el ánimo entre líneas
de sus electrocardiogramas
y el experimental poema
de su última palabra
antes de irse a dormir.

Porque siempre tiene razón
cuando asegura que tal día
va a llover, o cuando me pide
que vuelva ya de un viaje
que aún no he proyectado,
o cuando está cansada

de recibir las cartas de los bancos,
o cuando no le da tanta importancia
a vivir junto al mar.

Porque es feliz su corazón arrítmico,
porque, en su edad líquida, es positiva
como un cereal fácil y sufrido,
y porque siempre cree que sí, y confía,
celebraré a mi madre
como una larga noche de fiesta sin discursos,
como la fórmula de una medicina
ecuménica y gratuita,
como una música alegórica
contra todos los males,
todos los males del abatimiento.

# Dos notas sobre *El pasado*

*El pasado* es, tras *El momento*, publicado en 2019 en esta misma editorial, la segunda entrega de la trilogía *Una manera de medir el tiempo*. La tercera y última parte está aún en proceso de escritura y sin título, y su publicación está prevista para 2026.

Mis amigos Ángel Javier Aguilar Bañón, Cristina Alonso Maeso, Mercedes Avilés García, Eloy Garrido Cambronero, Rafael Castillo Morales y Alfonso Ponce Gómez han leído, comentando y mejorado este libro en sucesivas versiones hasta llegar a esta, de momento, definitiva. A todos ellos, este reconocimiento y mi más sincera gratitud.

*El pasado*
*(Una manera de medir el tiempo II)*
de
Valentín Carcelén
se terminó de imprimir en abril de 2024.
A 187 años del nacimiento de
Rosalía de Castro
quien escribió:
*Cuando te apene lo que atrás dejas,*
*recuerda siempre*
*que es más dichoso quien de la vida*
*mayor espacio corrido tiene.*

*Chamán ante el fuego* (Poesía)

1. *Desde el mar a la estepa (Antología de poetas del sudeste español)*
2. *Rocinante*, Alfred Corn (antología bilingüe inglés / castellano)
3. *Volvimos a escuchar ese adagio de Mozart*, Guillermo Samperio
4. *El libro blanco*, Augusto Rodríguez
5. *Exhumación de la fábula*, Javier Bello
6. *Las lágrimas de Chet Baker caen a piscinas doradas*, Abel Santos (2ª edición)
7. *Hierofanías*, Alfredo Rodríguez
8. *Breve historia del circo*, Pablo Cerezal
9. *Miguel Hernández. El que no está*, Sergio Delicado (2ª edición)
10. *Pólvora en el sueño*, Miguel Ángel Velasco
11. *Las mudas soledades*, Pedro Gascón
12. *Celebrad los días. Poesía Completa*, Sergio Algora
13. *Labor de melancoholismo*, Toni Montesinos Gilbert
14. *Con todo este ruido de fondo o El imperio de las luciérnagas*, Vicente Velasco Montoya
15. *Vigía de tu paso*, Pilar Blanco Díaz
16. *El paso que se habita*, Esther Peñas
17. *Latido izquierdo*, Rubenski Pereira
18. *Animal fabuloso*, José Óscar López
19. *También vivir precisa de epitafio. Antología poética (1983-2017)*, Javier Sánchez Menéndez
20. *Teimosa maré / Terca marea*, Manuel Neto dos Santos (edición bilingüe portugués / castellano)
21. *Abril en los inviernos*, Nicolás Corraliza
22. *Refugio en el vuelo*, Pedro Sánchez Sanz
23. *Hasta que nada quede (Poesía reunida 1978-2019). Volumen I. Obra publicada*, José Antonio Martínez Muñoz
24. *Digterne / Poetas*, Pejk Malinovski (edición bilingüe danés / castellano)
25. *El momento (Una manera de medir el tiempo I)*, Valentín Carcelén
26. *La luz de lo perdido (Antología poética 1976-2020)*, Javier Lostalé
27. *Yo escribo la noche*, Pilar Blanco Díaz (Premio de la Crítica Literaria Valenciana 2021)
28. *De lo terrible*, Ana Martínez Castillo

www.chamanediciones.es